VIE

DE

L'ABBÉ DE MARGON,

PRÊTRE DU DIOCÈSE DE MONTPELLIER,

PRÉCÉDÉE D'UNE LETTRE DE Mgr DE CABRIÈRES ;

Par A. PONCET.

> Ses talents, ses vertus et sa naissance lui
> ouvraient la voie des honneurs de ce monde ;
> il se mit à la suite du divin Maître, et le
> monde ne fut rien pour lui.

MONTPELLIER,

IMPRIMERIE GROLLIER ET FILS, BOULEVARD DU PEYROU, 9.

—

1882.

Propriété réservée.

VIE

DE L'ABBÉ DE MARGON,

PRÊTRE DU DIOCÈSE DE MONTPELLIER.

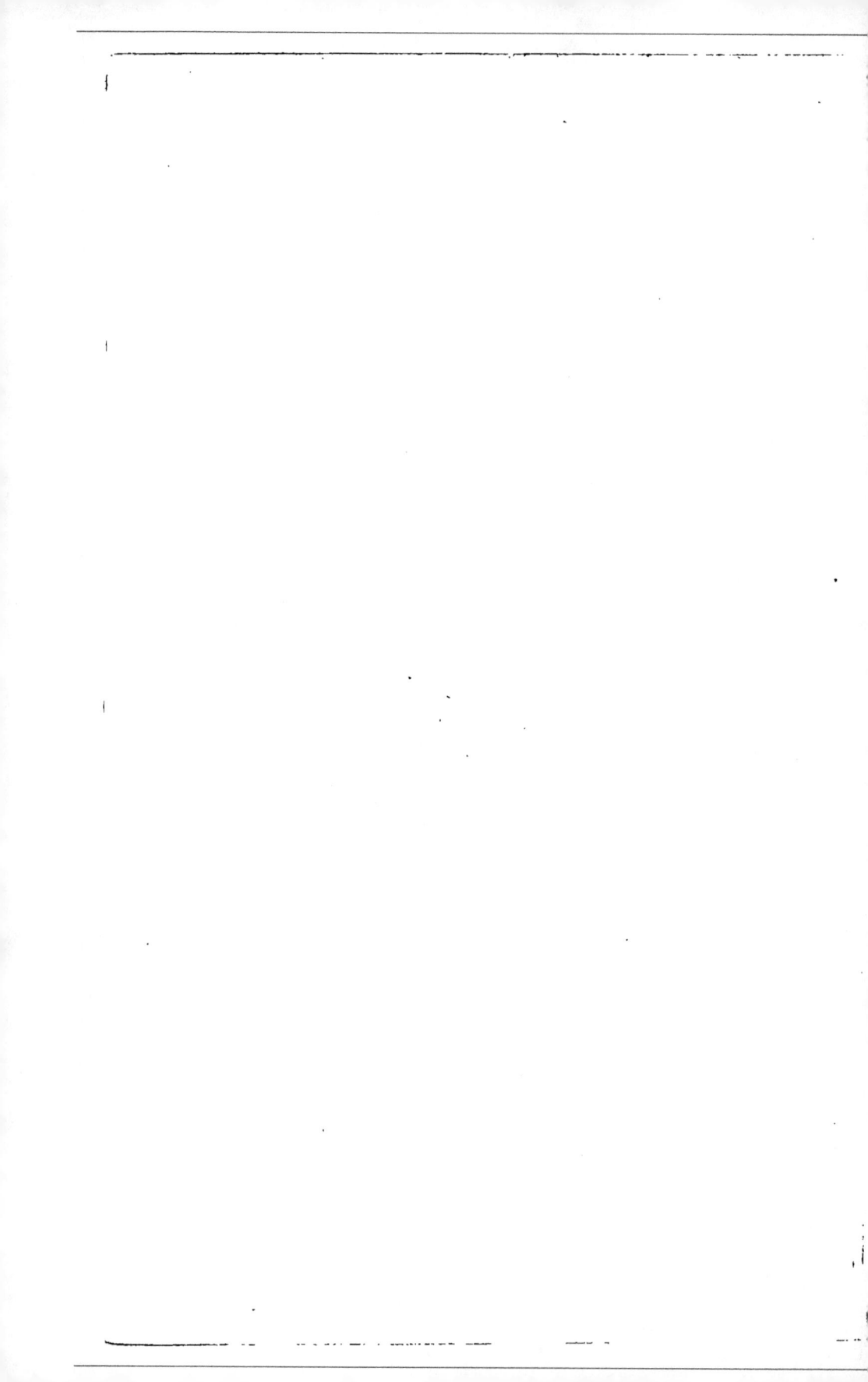

VIE

DE

L'ABBÉ DE MARGON,

PRÊTRE DU DIOCÈSE DE MONTPELLIER,

PRÉCÉDÉE D'UNE LETTRE DE Mgr DE CABRIÈRES;

Par A. PONCET.

> Ses talents, ses vertus et sa naissance lui
> ouvraient la voie des honneurs de ce monde;
> il se mit à la suite du divin Maître, et le
> monde ne fut rien pour lui.

MONTPELLIER,

IMPRIMERIE GROLLIER ET FILS, BOULEVARD DU PEYROU, 9.

1882.

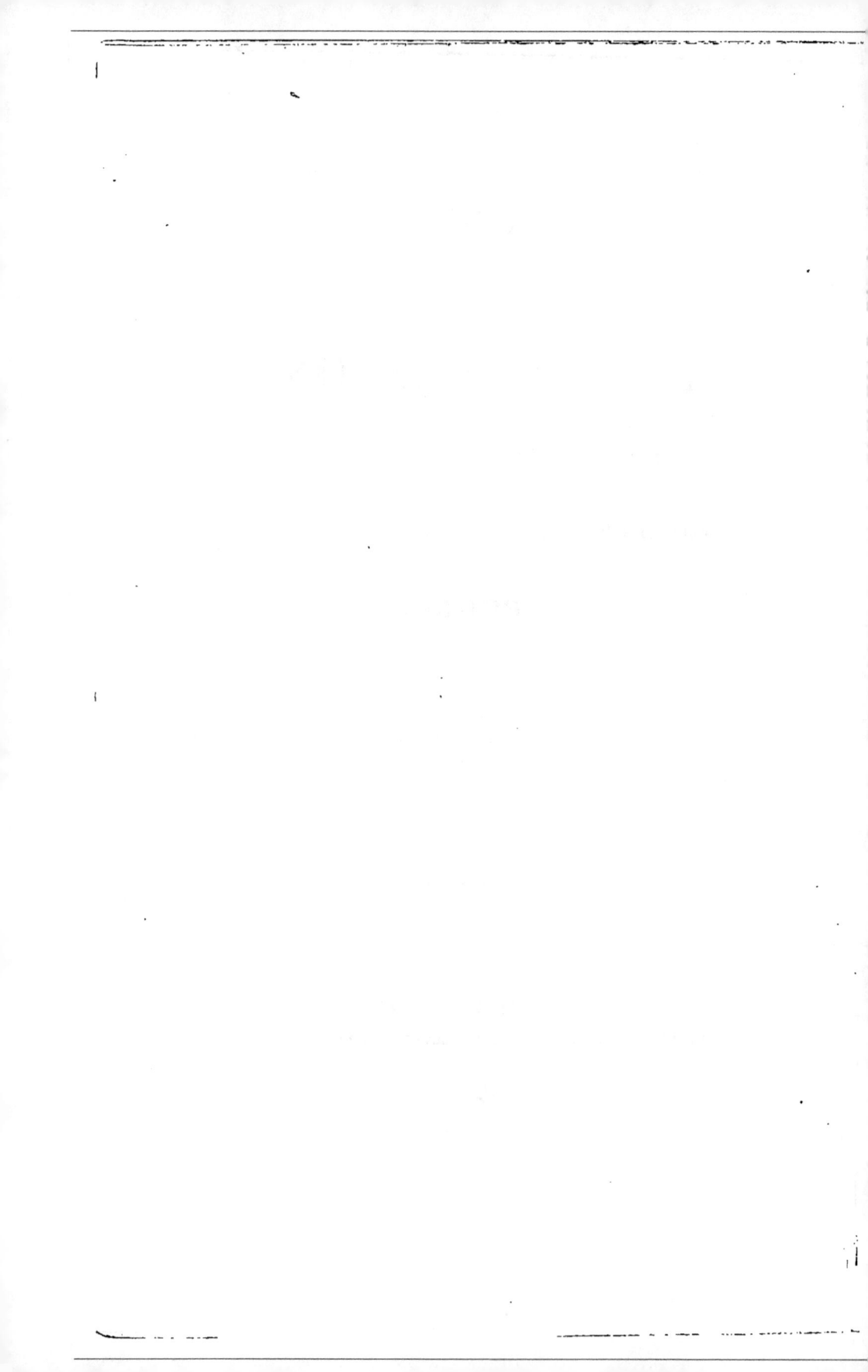

Monseigneur l'Évêque, ayant daigné m'honorer d'une lettre d'approbation et d'encouragement, au sujet de l'humble essai que j'ai eu l'honneur de lui soumettre en épreuves et que je publie aujourd'hui, je suis heureux de la mettre, tout d'abord, sous les yeux du lecteur, afin que les âmes pieuses qui voudront bien lire cet opuscule, soient assurées qu'il ne renferme rien de contraire à la saine doctrine.

Montpellier, le 29 septembre 1882.

MONSIEUR,

C'est une pieuse pensée qui vous a inspiré de publier, dans une notice biographique, la vie exemplaire et les vertus de M. l'abbé de Margon.

Le souvenir de ce vénérable ecclésiastique est encore vivant dans l'esprit du clergé diocésain, et dans la mémoire reconnaissante des populations de l'arrondissement de Lodève.

*Votre livre, en faisant le rapide tableau de sa
vie, conservera le fruit des exemples salutaires qu'il
a donnés, et, de la sorte, produira l'effet d'édification que vous vous êtes proposé, en l'écrivant.*

*Je ne peux donc que vous féliciter du sentiment
religieux qui vous a fait accomplir cette œuvre.*

*Veuillez agréer, Monsieur, l'expression de mes
sentiments respectueux et bien dévoués,*

        ✝ Fʀ. MARIE-ANATOLE,

          Évêque de Montpellier.

AVANT-PROPOS.

—

Des circonstances, que nous estimons très-heureuses pour notre édification, nous ayant mis à même de connaître la vie et la mort du saint abbé de Margon, ancien prêtre du diocèse de Montpellier, nous avons cru cette vie et cette mort bien dignes d'être offertes aux regards et à la méditation des fidèles, en général, et tout particulièrement des fidèles du diocèse que ses vertus ont édifiés, pendant plus de la moitié de notre siècle.

Il nous paraît assez opportun d'ailleurs de présenter les exemples d'un juste et d'un saint aux méditations des chrétiens, à cette heure où l'esprit d'impiété grossit, de plus en plus, ses rangs pour essayer la ruine de tout ce qu'il y a de saint et de sacré dans le monde.

C'est en vain, sans doute, que l'ennemi de tout bien se promet la chute d'un édifice dont la main du Seigneur a établi les assises, jusqu'à la fin des temps.

Si les hommes bâtissent sur la poudre, ce n'est pas ainsi que le Seigneur édifie, en effet.

C'est pourquoi, bien rassuré sur la destinée de l'Église de Dieu et de son Christ, nous croyons avec fermeté que la guerre impie et sacrilége dont elle est aujourd'hui l'objet ne saurait être plus heureuse que toutes ses devancières, les unes et les autres, assez semblables à la vieille guerre des insensés qui tentèrent d'escalader l'Olympe et d'en chasser les Dieux immortels.

La terre est jonchée de tels audacieux,

depuis l'origine des temps, et elle ne cessera de voir s'accroître le nombre des vaincus, jusqu'à la fin des âges.

Il est toutefois constant que nous traversons des jours mauvais pour l'Église catholique, apostolique et romaine, et que les fidèles ont plus que jamais besoin d'exemples qui les affermissent dans les sentiers de la victoire sur le monde, dans les sentiers de la foi.

Voilà pourquoi, confiant dans un sujet que nous croyons très en rapport avec les circonstances, nous venons tenter un essai sur la vie et la mort de celui dont on peut dire avec vérité : ses talents, ses vertus et sa naissance lui ouvraient la voie des honneurs de ce monde ; il se mit à la suite du divin Maître, et le monde ne fut rien pour lui.

VIE

DE

L'ABBÉ DE MARGON,

PRÊTRE DU DIOCÈSE DE MONTPELLIER.

CHAPITRE I.

LA FAMILLE DE MARGON.

La famille Lemoine de Margon compte des illustrations dans l'armée, dans la magistrature et dans l'Église.

Les étroites limites de notre opuscule ne nous permettent pas de la suivre dans toutes ses voies, à travers le moyen-âge et jusqu'à l'époque de la trop mémorable révolution dont elle a subi les conséquences, comme tout ce qu'il y avait alors en France de noble et de sacré.

Ce qui l'honore surtout, à nos yeux, ce qui la recommande particulièrement à notre estime et à notre vénération, c'est que de temps immémorial et de génération en génération jusqu'à nos jours, tous ou presque tous ses membres ont été de pieux chrétiens et de fervents catholiques.

Dès le treizième siècle, nous trouvons un de ses ancêtres, le cardinal Lemoine, une Éminence dont Ciaconius mentionne la sainteté dans son histoire des Papes et dont la capitale de la France a consacré la sainte mémoire, en donnant son nom à une de ses rues, la rue du Cardinal Lemoine.

Un frère de ce dernier, évêque de Noyon et pair de France, illustra doublement une longue carrière par de rares talents et d'éminentes vertus, dont les annales de son diocèse ont conservé le souvenir, jusqu'à nos jours.

Un siècle après, nous trouvons trois personnages de la même famille, trois frères, qui, fuyant la pourpre romaine, allèrent se faire religieux à Palerme, où ils vécurent si saintement que, s'ils purent se soustraire aux honneurs de la cour romaine, ils ne purent pas échapper à une grande réputation de sainteté.

Les archives du monastère, dans lequel, au reste, ils ne voulurent jamais occuper que la dernière place, leur attribuent, en effet, le don des miracles, dans la vie, comme dans la mort.

Un trisaïeul de notre Abbé, un conseiller d'État, Seigneur de Margon, ayant passé ses jours dans la pratique de toutes les vertus chrétiennes, ne voulut point être enseveli dans le caveau de famille, qui occupait une place réservée dans le lieu saint. Cette place étant à ses yeux comme un reste de vanité mondaine, il choisit d'être enseveli à l'entrée de l'église, sous les pieds des passants.

On sait que la grand'-mère du saint Abbé,

née de Lavit de Vignes, fut enlevée, bien jeune encore, à l'estime et à l'affection des siens, victime de sa charité évangélique.

Un de ses vassaux étant atteint d'une maladie épidémique et se trouvant privé de secours, elle ne fit pas de difficulté de se dévouer à une œuvre que chacun redoute, à bon droit, dans de telles circonstances. Ayant contracté la fatale maladie, elle fit une mort digne du ciel et d'une impérissable mémoire ici-bas.

Et maintenant, du côté de Madame la comtesse de Margon, née de Vinas, nous citerons, parmi les nombreux modèles de sainteté qui distinguent aussi sa famille, un oncle, ancien lieutenant-colonel du régiment Royal-Roussillon, qui, après avoir fait, avec une grande distinction, la guerre d'Amérique, dite de l'indépendance, mourut dans l'armée de Condé, avec le surnom de *saint*, que lui avait valu *sa piété*, non moins que sa bonté paternelle pour les soldats.

On n'oubliera pas de longtemps ceux qui ont à peine disparu de la scène de ce monde, ceux qui ont donné le jour au saint Abbé.

Les vertus dont ils ont donné l'exemple vivent encore dans la mémoire de ceux qui en ont été les témoins.

Non-seulement ils ont mérité l'estime et la vénération de ceux qui les ont connus, mais on sait que, tout particulièrement, Madame la comtesse de Margon était considérée comme une véritable sainte, si bien qu'à sa mort tous ceux qui l'avaient connue recherchaient avec empressement une relique, un souvenir d'elle, convaincus qu'elle était déjà dans le ciel, pour tant de bienfaits répandus autour d'elle et pour toutes les vertus dont elle avait donné l'exemple.

Du reste, si la noble famille de Margon, dans laquelle la sainteté est, en quelque sorte héréditaire, nous permettait de parler des vivants, nous serions heureux de dire qu'elle n'a cessé de se distinguer par des sentiments de foi et de piété chrétiennes, bien dignes des illustres et saints aïeux dont, à juste titre, elle se glorifie.

Honneur à elle !... honte ! à ceux qui, en héritant de la fortune et du nom glorieux des ancêtres, n'héritent pas des vertus qui les ont illustrés, plus encore que leur fortune et leur nom.

CHAPITRE II.

LES PREMIERS ANS.

C'est en 1802 que Madame la comtesse Lemoine, baronne de Margon, née de Vinas, donna le jour à son premier-né, M. Jules-Gaston-Michel-Marie de Margon, celui dont les éminentes vertus feront le sujet de cet essai.

C'est par les soins, tout particuliers, de sa sainte mère que l'enfant sera élevé, jusqu'à l'âge d'environ huit ans, époque à laquelle l'autorité paternelle interviendra, pour diriger tout particulièrement, à son tour, le jeune Jules dans les voies de son adolescence et de sa jeunesse. Mais déjà l'enfant sera un petit saint, et ce sera l'œu-

2

vre de sa mère, dont le ciel aura béni la pieuse et fervente sollicitude.

L'enfant ne bégayait pas encore, en effet, que la mère joignait déjà ses vœux et ses prières aux tendres soins et aux naïves caresses dont il était l'objet.

Maintenant qu'il commençait à bégayer, elle lui répétait des noms sacrés, des noms divins, que l'enfant essayait de répéter à son tour avec le sourire de l'innocence.

Et la mère, poursuivant sa mission sublime de mère et d'institutrice d'un ange, ajoutait bientôt à ces noms sacrés et divins un mot, et puis un autre mot, lorsque l'enfant savait redire le premier, et l'ange répétait les invocations à Jésus et à Marie, à l'âge où les enfants ne font que bégayer encore.

Or, la noble et pieuse mère était tout heureuse des dispositions précoces qu'elle croyait déjà pressentir dans l'intelligence et le cœur de son premier-né.

Puis, poursuivant sa tâche, lorsque le petit ange commençait à mettre un pied devant l'autre, elle exerçait ses pas jusqu'à l'autel de la chapelle du château, ce qui semblait extrêmement lui plaire. Mais à peine l'enfant lui parut-il fortifié, que la bonne mère se faisait une fête de le conduire en famille à l'église du village, les saints jours du dimanche, ce dont il ne se faisait pas moins une fête que les autres.

Du reste, on raconte que sa tenue dans le lieu saint était déjà toute respectueuse et faisait l'admiration de tous les assistants. Et il arriva que bientôt après, on le voyait s'exercer à faire des autels et des chapelles, à l'instar de ce qu'il avait déjà vu au village et dans le château, et que cette occupation lui était très-chère.

Cependant la noble institutrice, ayant bientôt compris que, malgré son jeune âge, l'enfant n'aimait pas seulement les autels et les chapelles, mais qu'il aimait aussi les livres, car elle l'avait vu s'accommoder de tous ceux qu'il pouvait rencontrer, non pour les salir ou les déchirer, mais pour les feuilleter

avec intérêt, la noble institutrice, disons-
nous, n'attendit pas le nombre des années
pour lui apprendre à lire.

Et, disons-le ici, cet empressement mater-
nel à former l'enfant à la lecture ne devait
pas peu servir à ses éminents progrès dans
la piété chrétienne, non moins qu'à ses remarquables succès scolaires, que nous aurons à
signaler dans peu.

A peine savait-il lire, en effet, que le
livre de la Vie des Saints étant tombé par
hasard sous sa main, il se mit à le déchiffrer,
et parut si satisfait de sa trouvaille qu'il ne
s'en séparait déjà plus, et qu'en peu de temps
il ne lisait pas seulement à merveille, mais
qu'encore il s'appliquait à l'imitation des
saints dont il lisait les exemples de vertu.

C'est ainsi que, les voyant travailler à
vaincre leurs défauts, il se mit à travailler,
pour se vaincre déjà lui-même.

On raconte de lui, en effet, qu'étant d'un
caractère vif et volontaire, il était insensible-
ment devenu le plus doux et le plus soumis

des enfants, et que son application aux études élémentaires dont, bien jeune encore, il
avait été jugé capable, devenait plus exemplaire chaque jour.

Du reste, on disait de lui ce qui est écrit
de l'Enfant divin, qu'il grandissait en âge et
en sagesse, progressant d'ailleurs dans toutes
ses voies.

Or, ce tableau nous remet en pensée celui
qui se passe aujourd'hui sous nos yeux.

Nous voyons bien les enfants croître et
grandir, aujourd'hui comme hier, mais les
voyons-nous croître en sagesse et en vertu,
à mesure qu'ils croissent en âge ?

Qui ne sait, hélas ! qu'en avançant d'un pas
dans les voies de la vie, ils avancent plus
encore dans les sentiers opposés à toutes les
vertus chrétiennes ?

Quelle en est la cause, sinon que les enfants n'ont ni de bons exemples, ni de bons
enseignements, ni de bons livres au foyer
domestique, et que la maison paternelle, tout
providentiellement destinée à la direction de

l'enfance dans les voies droites, à lui faire
aimer et pratiquer de bonne heure la vertu,
n'est déjà plus aujourd'hui qu'une pierre de
scandale, qu'une pierre d'achoppement pour
les âmes pures et naïves qu'elle aurait mission d'initier à l'amour et à la pratique de
tout bien ?

O honte ! que des parents chrétiens, ayant
appris du divin Maître qu'il vaudrait mieux
n'être pas né que de scandaliser le moindre
des petits enfants dont l'âme voit et contem-
ple la face des anges, aient moins de sollicitude pour l'enfance que les païens eux-
mêmes, qui l'environnèrent toujours du plus
grand respect !

Ils ne savent donc pas, ces contempteurs
de la mission la plus sainte et la plus sacrée
qui soit au monde, que l'homme ne recueille
ici-bas que ce qu'il a semé ! et c'est pourquoi,
si vous semez de mauvais exemples et de
mauvais enseignements dans l'âme de vos
fils et de vos filles, pensez-vous recueillir
utre chose que des fruits amers, c'est-à-dire

du mépris, des révoltes et des menaces, sinon même des hontes et du déshonneur !

Et quels temps ont jamais mieux témoigné de cette vérité que les temps présents ?

Les foyers domestiques ne retentissent-ils pas en tous lieux de puissants cris d'angoisse ?

Ceux qui devaient nous aimer nous haïssent, ceux qui devaient nous appuyer nous poussent vers la chute, ceux qui devaient nous être un sujet de gloire et de félicité nous couvrent de confusion et déchirent les entrailles qui les ont portés, le sein qui les a nourris ; nous nous sommes trompés ! au lieu d'élever des enfants, nous avons élevé des êtres contre nature....

Voilà bien, en effet, les tristes et douloureux accents qui montent aujourd'hui de la terre entière jusqu'au ciel, déjà trop vengé des parents infidèles à leur noble mission.

Mais ne nous éloignons pas plus longtemps du foyer domestique où, fidèle à sa noble tâche, une sainte mère de famille est tout entière livrée au double soin de former son enfant, bien tendre encore, à l'amour de la piété chrétienne, non moins qu'à celui de l'étude.

Le jeune de Margon n'avait pas atteint sa huitième année, et ce n'était plus un enfant, disait-on, c'était un ange ; et cet ange, dont la piété avait crû chaque jour, n'avait pas moins progressé dans l'étude que dans la vertu, et c'est pourquoi, son noble père, heureux témoin des remarquables dispositions de son enfant, jugea qu'il était déjà temps pour lui d'entrer dans les voies scolaires, destinées à le rendre digne de son nom, digne des aïeux dont il ne lui avait pas laissé ignorer l'histoire.

Mais, si le jeune Jules savait déjà que noblesse oblige, il ne savait pas moins quelles obligations impose la qualité d'enfant de Dieu ; et c'est ainsi, c'est avec le sentiment de tous ses devoirs qu'il allait entrer dans la carrière des études, dont il ne connaissait encore que les premiers éléments, mais auxquelles il devait apporter autant d'application que d'intelligence.

On raconte néanmoins que le pieux enfant, d'un cœur tout tendre, ne dissimulait
pas tous ses regrets, à la pensée de s'éloigner des lieux qui l'avaient vu naître et
qu'il laisserait déjà si pleins des plus doux
et des plus touchants souvenirs. Mais le
noble père avait exprimé ses vœux, sinon sa
volonté, et celui qui devait être un si parfait
modèle d'obéissance, tous les jours de sa
vie, avait déjà répondu à son père, comme
le fils du père des croyants avait répondu au
sien : mon père, je suis prêt.

Disons aussi qu'à leur tour, le noble père
et la noble mère n'étaient pas sans avoir une
vive sollicitude pour l'avenir du tendre et
naïf enfant dont ils allaient confier les destinées à des mains étrangères, d'autant que
l'Université s'était déjà rendue fort suspecte
d'anti-catholicisme.

Qui ne sait, en effet, que l'enseignement
public n'a cessé de manifester des tendances
rationalistes, depuis le commencement de
notre siècle, bien qu'en principe il eût pour

base les préceptes de la religion chrétienne ?

Or, à l'époque à laquelle le jeune de Margon allait commencer ses études universitaires, on comprenait bien déjà que l'enseignement avait entrepris son œuvre ennemie de la foi, l'œuvre, au reste, qu'il devait poursuivre jusqu'à nos jours, jusqu'à l'heure des ténèbres et des ruines intellectuelles et morales qui nous pressent aujourd'hui de toutes parts.

Et c'est pourquoi il n'avait fallu rien moins qu'une confiance sans bornes dans la Providence, pour décider Monsieur le Comte et Madame la Comtesse de Margon à se séparer ainsi de leur premier-né...

Et ce fut en répétant, en effet, l'immortelle devise des croyants dont ils étaient issus : « Dieu y pourvoira, » qu'ils lui dirent adieu.

Mais vous nous permettrez peut-être de nous demander ici ce que de tels parents auraient fait de leur jeune fils, par nos temps d'université qui courent, quand on met de côté, comme obstruant les études, tout bagage religieux ; quand, sous prétexte de faire des savants, on ne fait que préparer une génération impie, une génération destinée à secouer tout joug salutaire, et à ruiner toutes les bases sociales, sans retour.

Nous doutons, en vérité, qu'au lieu de confier leur enfant aux nouveaux maîtres de l'enseignement universitaire, ils lui eussent seulement permis de ne pas passer bien loin des écoles sans prêtre et sans Christ et sans Dieu.

Illustres entrepreneurs de ruines intellectuelles et morales, laissez-nous vous dire, en passant, que vous ne profitez pas assez des leçons d'une époque d'éternelle mémoire, ou que vous en profitez trop, hélas ! pour le bonheur et la sécurité du monde.

CHAPITRE III.

LES ÉTUDES. — CLERMONT-L'HÉRAULT. — PARIS.

Quoi qu'il en soit, le jeune Jules était parti pour le collége de Clermont-l'Hérault, à quelques lieues seulement du village de Margon, et c'est là que nous allons le voir à l'œuvre de son perfectionnement intellectuel et moral, si bien commencée sous les auspices maternels.

Sans doute, nous le trouvons tout déjà au milieu d'une foule d'enfants et de jeunes gens, bien éloignés, la plupart, de partager ses inclinations et ses goûts pour la piété chrétienne, tandis que nous ne voyons plus autour de lui son ange protecteur, la sainte et digne mère qui veillait sur lui jusqu'alors.

Et combien qui, en le voyant ainsi au milieu du péril, sans guide et sans appui, auraient été déjà tentés de croire qu'il ne porterait pas en paradis son angélique candeur !

N'ayons crainte toutefois, car d'abord, si sa mère est absente de corps, elle est présente d'esprit et de cœur, et elle prie, et la Providence veille.

Et puis, je vous le dis : le jeune collégien a la mémoire assez fidèle pour ne rien oublier des enseignements et des exemples qui l'ont initié déjà à l'amour et à la pratique de tout bien.

Disons, d'ailleurs, qu'il est plus fortement trempé qu'on ne l'est d'ordinaire à son âge dans les sentiments de piété chrétienne, qui nous soutiennent dans les voies périlleuses de la vie.

Et puis, souvenez-vous de son compagnon de route, de son livre de la Vie des Saints, c'est-à-dire, de la vie des forts.

C'est pourquoi nous ne le trouvons pas moins appliqué à ses pratiques pieuses, loin du toit natal qu'au château de ses pères.

Mais cette application, allez-vous me dire, ne nuisait-elle pas à ses progrès scolaires ?

Demandez-le à ses condisciples et à ses maîtres, et ils vous répondront, de concert, qu'en étant le plus pieux de tous, il marchait à la tête de sa classe, et laissait même les plus avancés à distance.

Mais sa dévotion, direz-vous encore, n'était-elle pas pour lui une cause de mille ennuis divers, de la part de ses condisciples, qui pouvaient bien d'ailleurs jalouser ses succès ?

Apprenez que, ni ses succès de classe, ni ses progrès constants dans la piété ne lui suscitèrent jamais, comme on pourrait le croire, le moindre désagrément.

D'abord, toutes ses démarches étaient si simples et si naturelles, qu'il n'était pas plus embarrassé de ses sentiments religieux que des vêtements, en quelque sorte, dont il était couvert, et que, loin de lui attirer du ridicule de la part des uns et des autres, sa piété simple et naïve le faisait aimer et estimer de tous, dit la chronique.

Quant à ses succès de classe, bien faits, ce semble, pour exciter l'envie de ses compagnons de route, ils produisaient eux-mêmes un résultat tout différent.

Il était si humble dans la victoire, qu'il se faisait le plus humble de tous, comme s'il était, en effet, le moins méritant de ses condisciples.

On disait de lui qu'il semblait vivre dans l'oubli le plus absolu de lui-même, et comme s'il eût été étranger à ses mérites personnels.

C'est ainsi qu'au lieu d'être un sujet de jalousie, il était un sujet d'admiration, au contraire, pour les témoins de ses agissements, aussi purs et aussi vrais que ceux des esprits célestes.

Aussi, ses condisciples disaient-ils de lui que c'était un ange au milieu d'eux....

Ne croyez pas d'ailleurs que les sentiments de piété profonde dont il était animé lui fussent un obstacle, ou même une gêne pour les communs ébats des écoliers. Il était aussi ami que tout autre des joyeux exercices du collége, et nul n'avait un caractère plus amusant et plus gai que lui.

Et cependant ses notes de collége nous apprennent qu'il ne manqua jamais au règlement de la maison, qu'il n'encourut jamais de punition, même la plus légère, et qu'il n'eut jamais de querelles avec ses condisciples.

Ce n'est pas que, dans le fond, il fût plus parfait que les autres, puisque nous avons déjà signalé son caractère vif et tout volontaire ; mais c'est qu'il travaillait à se vaincre, à l'exemple des saints, et qu'il est parvenu, tout jeune encore, à se rendre maître des défauts naturels dont il avait sa part, comme tout le monde.

Oh! que nous serions différents de nous-mêmes si, de bonne heure, nous entreprenions ainsi de redresser tout ce que la nature a mis en nous de défectueux!

Pourquoi voyons-nous les hommes très-attentifs au redressement de tout ce qui les intéresse au dehors, et si peu soucieux de sé réformer eux-mêmes, comme s'il leur importait moins de devenir meilleurs que d'améliorer les destinées d'un arbrisseau ou de tout autre produit de la nature?

Et pourtant ne vivons-nous pas dans un siècle qui s'appelle le siècle du progrès?

Il est vrai de dire que l'esprit humain semble travailler, en effet, à quelque enfantement; mais, en voyant combien ce travailleur est, de moins en moins, soucieux des intérêts moraux de l'humanité, à mesure qu'il se tourmente davantage pour arriver aux fins toutes matérielles qu'il se propose, quel produit nous serait-il permis d'attendre, sinon le produit de quelque monstre dont l'aspect frappera la terre d'épouvante

3

et dont les œuvres la couvriront de ruines et de sang et de morts ?

Cependant le temps avait marché ; notre jeune écolier était allé, de victoire en victoire, dans les voies de son perfectionnement intellectuel et moral, et il n'avait pas encore atteint sa quinzième année, à la fin de ses humanités.

Il était véritablement tout couvert d'honneur et de gloire, lorsqu'il venait d'en finir avec le collége de Clermont-l'Hérault.

Et pourtant, le plus glorieux et le plus estimé restait toujours le plus humble de tous, ne souffrant même pas qu'on louât ses succès, dont il rapportait à Dieu seul tout le mérite et, partant, tout l'honneur.

Tel était le jeune de Margon lorsqu'il dut partir pour la capitale, son père ayant été d'avis de l'envoyer faire son cours de philosophie au collége de Louis-le-Grand.

Il n'avait pas quinze ans encore, celui qui allait ainsi, pour la première fois, respirer l'air corrompu des cités.

Que sera-t-il, à son retour au foyer de ses pères ? Le grand corrupteur de la jeunesse, Paris, ne renverra-t-il pas à la famille du jeune philosophe un ange déchu, un ange tombé dans l'abîme ?

Ne craignez point ; celui-ci n'est plus déjà si près de terre, qu'il faille tout redouter pour lui des émanations délétères d'ici-bas. Son âme est, en effet, sur les hautes cimes dont il a gravi de bonne heure les sentiers, et il n'est pas près d'en descendre, pour choisir des voies qui ne mènent pas au ciel, mais à la ruine de toutes les vertus et à la tombe.

Il en est ainsi ; et c'est pourquoi, poursuivant ses voies saintes et sacrées, avec un zèle toujours nouveau, pendant les deux années qu'il dut passer dans la capitale, il rentrait au château de Margon plus docte et plus saint qu'il n'en était sorti ; il avait remporté, en effet, le prix de philosophie au concours qui a lieu chaque année entre les colléges de Paris et de Versailles. Cependant il était plus que jamais ennemi des louanges dont il était l'objet, à l'occasion de ses nouveaux succès, ne comprenant pas, disait-il, comment l'homme pouvait bien s'attribuer quelque chose, sinon le mal qui est dans sa nature.

Or, Messieurs de l'Université, que vous semble de tout ceci, sinon que le bagage religieux est un moindre obstacle que vous ne pensez aux progrès de l'esprit humain ?

Vous avez beau faire et beau dire, les faits vous donneront toujours un démenti à cet endroit, l'esprit de vérité nous enseignant d'ailleurs lui-même que la pureté de l'âme est une source de lumière, et non pas une cause d'obscurcissement, pour l'intelligence humaine.

Au reste, qui ne voit pleinement aujourd'hui que plus vous criez : lumière ! lumière ! et plus ce sont des ténèbres, à mesure que vous éteignez davantage, dans l'âme de la jeunesse, le flambeau de la foi ?

Vous n'avez qu'à poursuivre votre but, et

ce sera déjà demain la nuit, la nuit la plus profonde, la nuit dans laquelle nul ne connaîtra plus sa route, où celui qui allait à l'orient ira à l'occident, où celui qui allait au midi ira au septentrion ; nuit de confusion et d'horreur, n'ayant de pareille que la sombre nuit où tout est mêlé, confondu éternellement, la sombre nuit du Tartare...

CHAPITRE IV.

CARRIÈRE NAVALE ET CARRIÈRE SACERDOTALE.

Le jeune de Margon avait à peine dix-sept ans, lorsqu'il rentrait dans sa famille, tout couvert de lauriers, mais aussi peu soucieux de son triomphe que s'il lui eût été étranger.

On remarquait même que sa modestie était encore plus profonde et que son abnégation n'avait plus de bornes.

Que va-t-il se proposer maintenant que toutes les carrières, pour ainsi dire, lui sont ouvertes ?

Il attendra que l'autorité paternelle se prononce, et à cette voix, il répondra : **Me** voici.

C'est pourquoi, comme le père de famille
parut bien aise que son fils aîné suivît la carrière navale, dans laquelle plusieurs de ses
ancêtres s'étaient distingués déjà, le jeune
Jules accueillit avec une soumission parfaite
les vœux de l'autorité paternelle, et ne différa
pas de se rendre à Angoulême, où l'école
navale se trouvait encore, à cette époque.

― Ce n'est point qu'il n'entendît, depuis
longtemps, une voix intérieure l'appeler
ailleurs et à une tout autre destinée ; mais,
assuré que Dieu se chargerait de le conduire à ses fins si l'appel venait d'en haut,
il s'en remettait aux soins de la Providence,
ne songeant même pas qu'il eût autre chose
à faire que d'obéir aveuglément.

Et nous allons voir comment il fut servi
à souhait, et comment sa confiance dans le
Seigneur ne périt point.

Que se passa-t-il en effet, à Angoulême?
c'est que tout jeune qu'il était encore, notre
aspirant à la carrière navale se trouvait avoir
dépassé l'âge requis par les règlements alors
en vigueur.

On eût fait exception à la règle, à cause de ses remarquables études ; mais, comme il était d'une taille peu avantageuse, en même temps que d'une frêle apparence, on ne crut pas devoir l'admettre à l'exception.

Ainsi se passèrent les choses. Si le jeune de Margon fut satisfait ou non de ce refus, nul ne put s'en apercevoir, dit la chronique. Ne doutant point toutefois que ce ne fût l'œuvre de la Providence, qui lui ouvrait ainsi les voies dans lesquelles il se sentait appelé, il crut dès lors qu'il lui était permis de faire connaître ses aspirations à son père, si ce n'était même un devoir de sa part.

Disons qu'il ne surprit nullement le noble comte, en lui annonçant ses goûts pour le sacerdoce, car celui-ci avait déjà soupçonné ses inclinations ; mais il est constant que, tout pénétré de la haute responsabilité du prêtre, le Seigneur de Margon s'opposa d'abord aux vœux de son fils.

Le ministère du prêtre est redoutable, en vérité : ce n'est pas, en effet, une tâche ordinaire, que celle de monter à l'autel chaque jour, pour y consommer le plus grand, le plus auguste de tous les sacrifices, tout en ayant à édifier et à sauver les âmes. Malheur ! cent fois malheur au prêtre infidèle à son divin mandat ! malheur à celui qui perd au lieu de sauver ! malheur à celui qui fait l'œuvre de Satan, et non pas l'œuvre de Dieu et de son Christ !

Mais que craignez-vous, noble Seigneur de Margon, pour celui que le ciel appelle si visiblement à l'autel saint, pour celui qui déjà, dès le sein de sa mère, n'a pas cessé de se sanctifier de plus en plus, chaque jour, dans la secrète perspective de ses destinées sacerdotales ?

Je sais bien que s'il ne lui était pas permis de vivre à l'ombre de l'autel qui a fait ses délices tous les jours de sa vie, il se soumettrait encore à l'autorité paternelle. Mais je vous le dis : ce serait un habitant des ondes jeté dans le domaine de l'espace aérien, sinon un habitant des airs jeté dans les profondeurs de l'onde amère.

Il en serait ainsi malgré lui, malgré toutes ses vertus, et à cause même de ses éminentes vertus.

Et ceci nous conduit à dire un mot du déclassement des existences. D'où nous vient aujourd'hui tout le mal? parce que ce qui est en haut devrait être en bas, tandis que ce qui est en bas devrait être en haut.

Qui donc s'occupe aujourd'hui de la place qui serait le mieux en rapport avec les goûts et les aptitudes des enfants des hommes?

Les parents, tout d'abord, ne se croient-ils pas le droit de disposer de leur progéniture, sans égard pour le maître de nos destinées, sans souci pour l'ordre providentiel qui peut conduire seul l'univers à ses fins?

Or, je vous le dis : qui que vous soyez, vous n'irez pas impunément à l'encontre des desseins de Dieu, pas plus que vous ne mettriez impunément aux bases d'un édifice ce qui serait destiné aux combles, ou aux combles ce qui serait fait pour les bases.

Et ce ne sont pas seulement les parents aujourd'hui qui se moquent à l'aise des desseins de la Providence sur chacun des enfants des hommes ; il est certain, en effet, que nul n'a de sollicitude que pour suivre sa propre voie et non point celle d'en haut.

Est-ce donc après tout que, par nos temps de progrès qui courent, chacun n'a pas le droit de se croire à la hauteur de tous les ministères possibles et imaginables ? Est-ce qu'on a besoin de conseils, pour se diriger vers n'importe quel but ?

Que tes leçons, ô Babel ! sont éloquentes ; mais que les hommes prêtent peu l'oreille à tes enseignements divins ! Qu'attendent-ils encore, pour profiter de tes instructions si dignes de mémoire ? Attendent-ils un nouveau cataclysme ? Attendent-ils de nouvelles ruines ?

Je vous le dis avec certitude : s'ils attendent ces choses pour se raviser, pour rentrer dans les voies du sens commun, ils ne seront pas trompés dans leur attente, car les éléments constitutifs de l'édifice social n'étant plus à leur place d'aucune sorte, comment pourrions-nous espérer que cet édifice soit longtemps encore à croûler ?

Soyez attentifs, vous surtout qui, nouveaux venus à l'œuvre, bâtissez avec tant de confiance en vous-mêmes, disant : Qu'avons-nous besoin de Dieu ? C'est nous qui sommes au sommet de l'édifice, et c'est nous qui sommes à la base de toutes choses, hier, aujourd'hui et demain.

Telles sont, il est vrai, vos pensées superbes, ô grands architectes de nos jours...... Mais pourquoi faut-il que tant de fol orgueil vous empêche de voir l'inanité de votre œuvre, croûlant déjà de toutes parts et menaçant le monde entier de la plus profonde chute qui ait encore fait trembler l'univers ?

Quoi qu'il en soit, le père de famille qui, lui, ne voulait pas se diriger dans des voies contraires aux voies si bien marquées par la Providence, n'avait pas cru devoir contrarier, jusqu'au bout, la pure et sainte inclination de son fils ; et c'est pourquoi le jeune Jules allait partir une seconde fois pour la capitale, afin d'étudier en théologie, tandis que son frère puîné, qui n'était pas hors d'âge pour l'école navale, et qui avait de l'inclination pour la carrière maritime, allait prendre sa place à Angoulême.

— Dieu avait fait ces choses, et les uns et les autres de la sainte famille bénissaient son saint nom, de concert.

CHAPITRE V.

LA CONGRÉGATION DE SAINT-SULPICE.

C'est la Congrégation de Saint-Sulpice que l'abbé de Margon choisit, d'accord avec son père, pour se préparer au sacerdoce.

La noble et sainte famille, qui n'avait pas cessé d'être soucieuse pour le salut de son âme pure et naïve, tandis qu'il était loin d'elle, au milieu des dangers dont les établissements d'enseignement public abondent trop souvent, si ce n'est pas toujours; la noble et sainte famille, disons-nous, n'avait déjà plus de crainte à ce sujet. N'était-il pas dans l'asile des vertus, en même temps que la plus sainte et la plus belle science du monde serait l'objet de ses sollicitudes?

La Congrégation de Saint-Sulpice fut
fondée, en effet, par un saint Prêtre, sur la
fin du règne de Louis XIII, dans le but de
former des hommes d'église aussi doctes que
pieux ; et qui ne sait que, depuis déjà deux
siècles, l'illustre Congrégation a rendu les
services les plus signalés à l'Église, en lui
donnant un nombre considérable de prêtres
et d'évêques, non moins distingués par le
savoir que par leur sainte vie ?

Qui ne sait que Fénelon lui-même a été
élevé à Saint-Sulpice, et que l'ancien évêque d'Hermopolis, ministre des cultes sous
la Restauration, s'y est préparé à son bril-
lant avenir.

Il est vrai que tous les grands mérites de
cette Congrégation ne l'empêchèrent pas de
tomber sous les coups de la tempête révolu-
tionnaire, comme le reste des choses saintes et sacrées, à cette époque d'éternelle
mémoire ; mais nous savons qu'elle sortait
bientôt de ses ruines, et qu'elle avait re-
couvré déjà toute sa gloire, lorsque M. de

Margon entrait dans le docte et saint asile.

Il était à sa place, celui qui avait aimé dès le berceau l'ombre du sanctuaire, et qui était là, n'ayant plus qu'à se mettre en état de monter à l'autel. Il ne faillira pas à sa tâche.

Connaissant déjà son passé, vous ne serez pas surpris de ses succès nouveaux, et que ses mérites de toutes sortes, pourrions-nous dire, ne l'aient pas seulement placé au nombre des plus capables et des plus pieux congréganistes, mais qu'ils l'aient encore distingué des meilleurs.

Il en fut ainsi ; c'est pourquoi il eut beau s'effacer, il eut beau se faire le dernier de tous, ses maîtres et ses condisciples l'admiraient encore davantage. Aussi lui sera-t-il impossible de ne pas devenir l'objet d'une distinction toute particulière, lorsqu'il ne se proposait que l'humilité dans ses voies.

Monseigneur l'Évêque d'Hermopolis, l'illustre M. de Frayssinous, ministre des cultes, n'oubliait pas la Congrégation de Saint-

Sulpice, dans laquelle il avait été élevé ; il s'y intéressait tout particulièrement, même, aux jours de son exaltation.

Et c'est pourquoi, ayant entendu parler des talents et des vertus hors ligne de notre jeune théologien, Sa Grandeur le désigna pour être envoyé, en qualité de professeur de philosophie et de théologie, au grand séminaire de Luçon.

M. l'abbé de Margon n'avait pas encore dix-neuf ans, lorsqu'un ministre de France et un prince de l'Église venait ainsi faire violence à son extrême modestie ; car il essaya en effet, mais en vain, de se soustraire à la décision administrative qui l'appelait à ce poste de confiance et d'honneur, étant encore sur les bancs de l'école.

Il ne resta que deux ans à Luçon ; il avait déjà pleinement justifié la confiance dont il avait été l'objet, lorsque la réputation de savoir et de sainteté qu'il s'était acquise malgré lui, malgré tous les soins qu'il prenait de n'être qu'un serviteur inutile, après

4

avoir rempli tous ses devoirs, ne permit pas
à son évêque diocésain, Monseigneur Four-
nier, d'ignorer plus longtemps celui qui re-
levait de son autorité épiscopale et dont il
se crut en droit de réclamer les services.

Monseigneur de Montpellier s'empressa
de le réclamer en effet, et c'est ainsi qu'il
devint professeur de philosophie au grand
séminaire de son diocèse natal.

Tant d'attentions de la part des hommes,
et de ses supérieurs surtout, étaient bien
loin de faire les affaires de celui qui n'aimait
rien tant que l'oubli des hommes, que le mépris même des créatures.

Cependant le jeune professeur de philosophie occupa cette place, à la plus grande
satisfaction de ses supérieurs et de ses élèves, jusqu'à l'époque de son ordination, qui
eut lieu en 1825. Il avait alors vingt-trois
ans, et ne fut ordonné prêtre qu'avec dis-
pense d'âge.

Pressé, plus que jamais, de se faire oublier, il se démit de ses fonctions de pro-

fesseur, et rentra dans sa famille, au château de Margon, sous l'empire d'une pensée
qui le conduirait, pensait-il, à ses fins, à
être oublié en effet du monde entier.

Il avait en vue les missions étrangères,
et d'aller, s'il le fallait, jusqu'aux rives les
plus lointaines, pour y sauver des âmes,
sans craindre d'attirer l'attention des mor-
tels sur ses démarches.

Il avait assez du regard de Dieu; le regard des hommes lui était à charge.

CHAPITRE VI.

LES MISSIONS ÉTRANGÈRES.

Il eût sans doute été permis à la noble
famille de Margon de voir un futur digni-
taire de l'Église dans celui que ses jeunes
ans recommandaient si bien aux faveurs de
l'avenir.

Mais nous savons déjà que telles n'étaient
pas les espérances du jeune prêtre, qui n'a-
vait qu'un but, en effet, son effacement sur
la scène de ce monde, où le retenait encore
un invincible besoin d'activité.

Qui sait cependant si les desseins de Dieu
sur lui ne seront pas contraires à ses propes
desseins ?

Et du moins, voici que le père de famille

s'oppose formellement aux vœux de son fils, qu'il ne croit pas doué d'un assez robuste tempérament pour l'œuvre des missions étrangères.

Que fera-t-il, lui, qui croit entendre la voix de Dieu l'appeler à l'apostolat des missions lointaines, tandis que l'autorité paternelle s'oppose à son départ.

Il ira se faire oublier dans un petit collége des environs, avec le titre d'aumônier, que personne ne lui enviera, certainement; et là il attendra la volonté d'en haut, si Dieu veut bien changer le cœur du père de famille, touchant les voies qu'il se sentait pressé d'entreprendre.

Du reste, il n'est pas malheureux en attendant, car il aime d'amour pur et tendre les petits enfants que Jésus aimait. Mais, ils connaissent Dieu et ils ont reçu l'eau sainte du baptême, ces enfants qui s'agittent autour de lui, et leurs âmes régénérées contemplent la face des anges adorateurs du Père et du Fils et du Saint-Esprit ; tandis que, sur la terre étrangère, tant d'enfants et tant de familles sont encore privés des fruits de l'évangile !

Ces pensées qu'il ne cessait point de méditer devaient finir par le subjuguer de nouveau, et lui faire croire qu'il n'était plus là selon la volonté d'en haut, et qu'il devait se rendre aux vœux de la Providence, en tout quittant pour aller se dévouer au salut de ceux qui périssent.

Mais l'opposition du père de famille n'était-elle pas là ? Et quelle espérance avait-il de vaincre cette opposition la plus formelle ?

Une lutte secrète s'engagea dans sa conscience entre ce qu'il croyait devoir à la volonté divine et à la volonté paternelle, ainsi divisées, et cette lutte devint pour lui un tel sujet d'angoisse, qu'il tomba bientôt dans un état de langueur inquiétant pour sa santé.

Comme il ne pouvait même plus vaquer aux soins de son aumônerie, il rentra dans sa famille, où tous les soins les plus empressés ne parvenaient pas à améliorer son état

languissant. Le père de famille soupçonna
bientôt quelque mystère, dont la connaissance
lui était indispensable pour le salut du malade.

Et c'est pourquoi il interrogea son fils avec
sollicitude, le pressant de lui faire connaître
les causes du changement étrange qui s'était
opéré en lui ; comment, en effet, il parais-
sait tout en proie à la mélancolie, lui qui
s'était toujours montré d'une humeur gaie et
joyeuse jusqu'alors.

C'est tout ce que le malade désirait de la
part de son père, n'osant pas tenter d'aller à
lui, le premier, après le refus si formel qu'il
en avait reçu.

Et maintenant il lui ouvrait toute son âme,
pensant bien déjà que Dieu était de son côté
et que son père ne serait pas plus longtemps
opposé à ses vœux ; et il en fut ainsi.

Frappé de ses déclarations nouvelles,
touchant l'appel dont il se croyait l'objet de
la part du Ciel, et craignant d'ailleurs pour
les jours de son enfant, s'il allait persévérer

dans son refus, le digne et noble père de famille n'hésita pas d'obtempérer à ses desseins.

C'est ainsi que le malade, ayant trouvé le remède à ses maux, fut bientôt rendu à son état normal et ne songea plus qu'à s'éloigner de son pays et de la maison de son père, qu'il aimait bien pourtant, mais dont il croyait devoir à Dieu le sacrifice, en faveur des missions.

Qu'est-ce d'abord que ces missions étrangères dont le saint Abbé voulait entreprendre les voies ?

Combien qui, ignorant ou faisant semblant d'ignorer les services que le monde entier doit déjà à l'évangile du salut et de la paix, se permettent de critiquer l'œuvre qui a civilisé l'Europe et qui achève de civiliser l'humanité, bientôt, jusqu'aux bornes les plus reculées !

Esprits étroits et légers de nos jours, qui mesurez les œuvres des géants à la petitesse et à la légèreté de vos pensées, le grave

Leybnitz ne pensait pas comme vous, quand
il regrettait vivement, pour son pays, l'élan
et la vertu des missionnaires catholiques,
et tout particulièrement le zèle et la vertu
héroïques de ces Jésuites devant lesquels
la Chine, jusqu'alors fermée aux Européens,
avait cru devoir ouvrir ses portes.

Voltaire lui-même n'a critiqué des missions évangéliques qu'un seul chef, savoir :
le principe des missionnaires anglicans, à
cause que ce principe leur permettant, en
effet, d'enseigner selon la manière de voir
de chacun, il était moins une source de paix
et d'union qu'une semence de haines et de
discordes.

Du reste, le célèbre critique reconnais-
sait une tout autre vertu aux démarches des
missionnaires romains, qui évangélisaient le
monde, sous les auspices d'un même baptême et d'une même foi.

Bacon aurait voulu que les rois eux-mêmes ne restassent pas étrangers à l'œuvre
des missions, comme étant bien digne de
leurs sollicitudes.

Qui donc, disait-il, est mieux fait que les chefs de nation, pour apporter la lumière aux peuples ?

Éclairer, pour les ramener dans les voies droites, ceux qui dorment dans les ténèbres de l'ignorance et de l'erreur, tel est le but de l'apostolat évangélique, dont les bienfaits peuvent être méconnus, mais que la voix de la vérité proclame jusqu'au ciel, en dépit de toutes les injustes clameurs des ennemis de la foi chrétienne.

Tel est, au reste, l'apostolat auquel l'abbé de Margon se sentait appelé, et dont un des plus spirituels et des plus vertueux évêques de France, Fénelon, ne se jugeait pas digne. Celui qui brûle d'amour pour le salut de ses frères jusqu'au delà des mers et jusqu'au delà des montagnes les plus inaccessibles, n'est pas, en effet, un chrétien ordinaire.

Or, maintenant que l'abbé de Margon a obtenu le consentement du père de famille, je vous le dis : il n'a pas d'autres soins que de se préparer à son départ, pour atteindre le but qu'il se propose.

Il va partir pour Paris, une fois encore, non plus pour étudier en philosophie et en théologie, mais pour apprendre la langue des peuples qu'il serait appelé à évangéliser.

A la nouvelle que M. l'abbé de Margon s'en va pour ne plus revenir, le village est en émoi et se lève comme un seul homme.

On se souvient encore comment, en effet, tous les habitants voulurent l'accompagner le plus longtemps possible, dans ses voies du départ, lui exprimant à l'envi leurs vœux et leurs regrets.

Cependant, comme nous étions en mil huit cent trente et peu après les trois glorieuses, c'est-à-dire dans un moment d'effervescence anti-cléricale, la famille avait cru devoir affubler le voyageur d'un habit laïque, plus en rapport avec les circonstances que l'habit de prêtre.

Mais on raconte qu'à peine arrivé à Mont-

pellier, le saint Abbé vendit ses habits
bourgeois, dont il donna l'argent aux pauvres, avec tout ce qu'il possédait d'ailleurs
pour son voyage.

C'est donc pédestrement qu'il se rendit
de Montpellier à Paris. Quelles ne durent
pas être les misères d'un tel voyage !

Tout ce qu'on sait néanmoins d'un tel
dévouement préparatoire aux missions étrangères, c'est qu'il fut bien mal traité dans les
environs de Mâcon, par des individus dont
les idées du jour exaltaient encore la tête

Quoi qu'il en soit, il arrivait enfin à Paris, au séminaire des missions. Mais, dans
quel piteux état ne franchissait-il pas le
seuil de cet établissement, après tant de fatigues et de misères, dont nous ne connais-
sons qu'une faible partie !

Il est vrai que l'Abbé de Margon avait
une âme forte, une âme douée d'une puis-
sante énergie ; mais nous savons aussi que
l'enveloppe de son âme n'offrait aux regards
que de frêles apparences.

Or, ajoutons à ces apparences ordinaires
les privations et les fatigues d'un long et
pénible voyage, et je vous demande si vous
n'auriez pas jugé comme le Supérieur des
missions, qui, ne voyant devant ses yeux
qu'un personnage sans consistance, le jugea
incapable de fournir une carrière la mieux
faite pour ruiner les plus vigoureux tempé-
raments.

On dit aussi que M. le Comte de Margon
avait secrètement écrit au directeur du séminaire, pour lui exposer, qu'en effet, la
santé de son fils était loin d'être en rapport
avec les exigences de la mission qu'il voulait entreprendre, et qu'il comptait bien sur
l'insuccès de ses espérances.

Que faire, à cette heure où la route lui
est ainsi fermée, en dépit de sa meilleure
volonté ?

C'est ce que nous allons voir dans le cha-
pitre qui suit.

CHAPITRE VII.

LES FRÈRES DE SAINT-JEAN DE DIEU A LYON.

Mis hors de cause pour les missions étrangères, comme nous venons de le voir, notre saint Abbé allait-il écrire à sa famille pour lui annoncer la nouvelle du refus dont il avait été l'objet et demander des ressources pour rentrer au château de Margon ?

Il n'en fit rien. S'il avait renoncé aux missions, il n'avait pas renoncé au sacrifice absolu de lui-même, afin de se dévouer tout entier aux autres.

C'est pourquoi il se mit en route comme il était venu, en louant Dieu de toutes choses ; et seulement quelques années après, nous le trouverons à Lyon, dans l'établissement des Frères de Saint-Jean de Dieu, où, à force de recherches, sa famille venait de le découvrir sous l'habit de frère hospitalier, au service de toutes les infirmités humaines.

Comment se fait-il que la famille de Margon ait aussi longtemps ignoré quel asile abritait le saint Abbé? Nous serions en peine de vous le dire. Mais nous savons qu'à peine instruit du lieu de son habitation, le père de famille, en appelant à son autorité, lui écrivit pour provoquer sa rentrée au château. Le frère fit le mort, s'imaginant peut-être que sa famille n'avait plus à s'occuper de lui, après avoir consenti à son départ, c'est-à-dire au sacrifice de ne plus le revoir revenir d'au-delà des mers et des plus lointains rivages.

Si ses plans de disparition de la scène de ce monde ne lui avaient pas réussi d'une manière, ne pouvait-il user d'un autre moyen de s'effacer?

C'était son droit, pensait-il, et il en avait usé avec une simplicité de saint enfant.

Cette simplicité du reste, que nous signalons ici, nous aurons l'occasion de la remarquer tout particulièrement dans le reste de ses démarches.

Disons toutefois qu'il ne fera pas la sourde oreille à l'appel de sa famille, jusqu'à la fin.

Lorsque son père aura mis en œuvre ses grands moyens, lorsqu'avec des casuistes rangés de son côté, il lui aura parlé, au nom de l'obéissance; dès lors le saint enfant ne résistera pas plus longtemps à la voix qui aura trouvé le secret d'alarmer sa conscience.

Nous avons déjà vu comment il ne pouvait pas vivre en face de l'équivoque, et comment c'était l'intervention de la Providence qui avait pris soin de le soustraire à ses perplexités.

Quoi qu'il en soit, et parce que sa simplicité était bien moins le fruit de son caractère que le produit d'une humilité qu'aucun

mortel n'a surpassée peut-être, il répondit
à son père, disant comme l'enfant prodigue :
Je me lèverai et j'irai vers mon père.

Quel enfant avait été plus prodigue que
lui, en effet ?

Il avait vu s'ouvrir devant lui les voies
qui s'ouvrent devant la naissance, devant le
talent et les vertus, et il n'avait pas voulu
entrer dans ces voies.

Il avait foulé aux pieds toutes les espérances qu'il lui était permis de concevoir,
et toutes les réalités qu'il possédait d'ailleurs dans sa famille : que vous semble
de celui qui, pouvant tout avoir, n'a rien,
sinon qu'il est pire encore qu'un prodigue,
que c'est un insensé ?

Avec les idées du monde, c'est justement
cela ; mais avec les idées de la foi, nous savons le contraire. Que savons-nous ? sinon
que le monde entier n'est rien et que, seu-
les, les espérances chrétiennes méritent
toutes nos sollicitudes, parce que leurs fins
sont éternelles ?

5

Et voilà pourquoi, pauvre des biens d'ici-bas, mais riche des biens éternels dont il poursuivait la possession, il allait encore sacrifier le bonheur dont il jouissait déjà, quelque légitime qu'il pût lui paraître, afin d'entrer dans la voie de l'obéissance, qui lui semblait mieux faite pour le ciel.

Sans doute, il va rentrer dans le monde, mais ne craignons pas ; nul ne sera plus étranger que lui à ce monde dans lequel il va rentrer, car il a fait ses réserves déjà ; c'est-à-dire qu'en se rendant aux désirs de son père, il s'est réservé un droit, le droit de vivre à sa guise, et qu'il n'a quitté son asile de Lyon, qu'après avoir reçu l'assurance qu'il serait le maître de ses agissements, c'est-à-dire d'être tout à Dieu.

Cela obtenu, il rentra sous le toit paternel, où chacun, lui ouvrant les bras, le reçut avec une expression de bonheur ineffable, mais comprenant bien aussi que le genre de prodigue dont le retour dans la famille s'opérait aujourd'hui, était bien perdu pour le monde, sans espoir de retour.

CHAPITRE VIII.

LE RETOUR.

Son premier soin, en arrivant au château, fut de se faire un règlement de vie, qui ne lui permettait que quelques heures de sommeil, trois ou quatre heures au plus, afin de consacrer le plus de temps possible aux exercices de la piété chrétienne et de la pénitence.

Il ne prenait point de vin à ses repas et mangeait très peu de viande. Ses repas d'ailleurs, il les prenait seul, et ils se composaient des restes de la seconde table, c'est-à-dire, de ce que les serviteurs avaient laissé.

Cependant, comme il se croyait dans l'obligation de ne pas s'exclure absolument des

grands dîners de famille, il consentait à y
paraître, mais à condition d'avoir sa place au
milieu des enfants de son frère et de sa sœur,
se considérant, du reste, comme un enfant
et ne voulant pas être autrement traité que
ceux dont Jésus a dit que le Royaume du
Ciel est à eux et à ceux qui leur ressem-
blent.

Comme on lui avait donné une chambre
bien meublée, il exigea une transformation
totale, ne pouvant souffrir pour lui aucune
sorte de confortable ni comme linge, ni comme
meubles, ni comme lieu de repos.

Il fallut réduire tout son appartement à
la plus simple expression ; son lit principa-
lement ne fut bientôt plus qu'une planche
sur laquelle il se trouvait encore trop bien
sans doute, puisqu'il l'abandonnait très-
souvent pour prendre son repos soit aux
combles, soit dans la grange du château, et
jusque sur les pierres du sentier, au dire de
plusieurs témoins oculaires ; car encore que
le saint Abbé prît grand soin de cacher ses

démarches, Dieu ne permit pas qu'elles restassent toujours dans l'ombre.

Disons cependant qu'il savait se distraire,
en temps et lieu, de ses œuvres de pénitence ;
et c'est pourquoi on le voyait fréquemment
dans la société de ses petits neveux ou
même des enfants du village, partageant
les jeux de leur âge, et se faisant enfant
comme eux, à l'exemple de saint Philippe
de Néri, qui n'aimait rien tant que la société
des âmes simples et naïves, dans lesquelles
il lui semblait voir des esprits célestes.

Du reste, l'abbé de Margon avait tant de
vive et pure sympathie pour l'enfance, que
lorsqu'il visitait l'école du village, il fallait
que l'instituteur lui permît de faire la pénitence des jeunes élèves qui avaient manqué à
leurs devoirs. Quelque étrange que puisse
paraître cette charité de sa part, elle ne manqua jamais de produire le meilleur effet sur
l'esprit des jeunes élèves qui en étaient l'objet, non moins que sur l'esprit des autres.

Le maître lui-même ne vit jamais sans

une vive et salutaire émotion le saint Abbé
se mettre à genoux, à la place de ceux qu'il
avait dû punir.

Tout lui servait à s'humilier, à se faire
rien. Mais disons que si l'enfance était
ainsi l'objet de ses soins naïfs et pieux, nous
savons qu'il réduisait à ce chef unique toutes ses distractions, aimant peu la société
des hommes, et n'ayant jamais de conver-
sation avec les femmes.

Les pauvres seuls occupaient une place
dans son âme, à côté des petits enfants. C'est
entre les uns et les autres, amis de Dieu,
qu'il partageait la pension que lui faisait sa
famille.

Combien de fois même ne se déshabilla-t-
il pas, à l'exemple de saint Martin, pour
revêtir ceux qui étaient nus et réchauffer
leur membres refroidis ?

Nous n'en finirions pas si nous allions entreprendre de raconter ici toutes les saintes
œuvres dont ses voies sont remplies, au
dire d'une infinité de témoins. C'est pour-

quoi, parfaitement édifiés d'ailleurs sur ses démarches, jusqu'à l'heure présente, nous allons le suivre dans les exercices de son ministère sacerdotal, que les circonstances l'invitent à mettre au service de ses confrères, et considérer que s'il dépense son activité dans des conditions nouvelles, ce ne sera jamais qu'en poursuivant le but d'être, de moins en moins, quelque chose en ce monde.

CHAPITRE IX.

MINISTÈRE DE CHARITÉ.

Il est certain que si l'abbé de Margon
avait désiré un emploi dans son diocèse, ses
vœux auraient été promptement satisfaits.

Mais vous savez quelle crainte il avait
d'être quelque chose ici-bas, et de sor-
tir de l'oubli. Voilà pourquoi il s'était con-
tenté, longtemps, de célébrer le saint sacrifice de la messe dans la chapelle du château,
lorsque quelques prêtres des environs crurent
devoir en appeler à son ministère, les uns
pour suppléer à leur absence, d'autres pour
embellir leurs fêtes chrétiennes, et d'aucuns,
même, pour le mettre en évidence si c'était
possible.

Et, chose extraordinaire ! c'est que celui qui aurait pu sans peine être le premier dans une paroisse, se rendit aux vœux de tous ses confrères, heureux de se trouver après les autres et de se mettre à leur service, se souvenant des paroles du Maître : « Je suis venu pour servir, et non pour être servi. »

Bien loin de rechercher, en effet, les honneurs, lorsqu'il était invité à quelque fête religieuse, il se faisait gloire de porter la croix à la tête du cortége qui marchait à l'ombre de l'étendard sacré.

On raconte aussi qu'il ne cédait à personne l'honneur de servir la messe à ses confrères, lorsqu'il en trouvait l'occasion, et surtout, lorsqu'ils étaient réunis pour la célébration d'une fête chrétienne, dans quelque paroisse environnante.

Son bonheur, et nous pourrions dire sa vie, c'était de s'annihiler, en quelque sorte, devant Dieu et devant les hommes.

Oh ! ineffable parole du divin Maître, quand vous disiez : « Les plus petits sur la

terre seront les plus grands dans le ciel, »
que vous aviez profondément pris racine dans
son âme !

Il est toutefois constant que les prédica-
tions, toutes simples et toutes spontanées,
qu'il fut obligé de faire bien des fois, atti-
raient à lui de nombreux auditeurs, lorsqu'on savait qu'il devait prêcher.

Malgré lui, en effet, il montra souvent un
savoir hors ligne, comme sa piété ; et comme
il recevait des félicitations bien méritées :
Que voulez-vous, disait-il, que je sache ? je
ne suis qu'un enfant rempli d'ignorance.

Il était bien loin d'être ignorant, comme
chacun le savait bien. Mais ce qu'il voulait,
en vérité, c'est qu'on le prît pour un enfant,
c'est-à-dire pour un homme sans importance
aucune.

Ne savons-nous pas, du reste, qu'il se
plaisait, tout particulièrement, avec ceux
que Jésus aimait, et qu'il partageait, en toute
occasion, leurs naïfs amusements, comme s'il
avait été l'un d'entr'eux ?

Aussi pouvait-il dire, avec raison, qu'il n'était qu'un enfant ; ce qu'il était, en effet, par une grâce toute particulière du Seigneur, en récompense de la pureté et de l'humilité parfaites de son âme.

Or, il arriva que cette vie étrange, que ces agissements insolites, qui étaient le résultat de l'abnégation la plus absolue, finirent par scandaliser quelques-uns de ses confrères et à leur inspirer même quelque crainte sur l'état moral du saint Abbé.

Et c'est ainsi que d'aucuns pensèrent rendre gloire à Dieu, en le signalant à l'autorité supérieure comme infirme d'esprit.

Monseigneur l'Évêque, se trouvant en tournée épiscopale dans la contrée, crut devoir s'édifier à ce sujet, et c'est pourquoi Sa Grandeur voulut bien s'entretenir avec lui et l'interroger de façon à se rendre compte de l'état mental de notre saint.

Monsieur l'abbé de Margon avait déjà compris qu'il s'agissait, peut-être, pour lui de ne plus monter à l'autel, s'il ne cessait

un instant de répondre qu'il ne savait rien,
qu'il n'était qu'un enfant, privé de toute
science, comme il répondait bien souvent à
d'autres qui l'interrogeaient pour le tenter,
l'abbé de Margon, disons-nous, édifia si
bien son supérieur, par ses réponses à toutes les questions posées, que son évêque vit
d'abord qu'il n'avait pas affaire à un personnage ordinaire, et qu'il regretta, pour les
intérêts de son diocèse, les voies trop avan-
cées, et partant étranges, de celui qui, sous
les plus humbles apparences, cachait des
talents et des vertus dignes de hautes destinées.

Ses voies étaient tracées, en effet, depuis
longtemps loin des hommes et des dignités
de ce monde. C'est pourquoi, Sa Grandeur,
comprenant bien ce qu'il fallait au saint prêtre que Dieu appelait à lui par des voies
extraordinaires, lui laissa son ministère li-
bre dans tout le diocèse.

Et c'est depuis ce temps que le saint Abbé
se mit à donner ses soins, aussi dévoués que

désintéressés, aux paroisses dépourvues de pasteur, afin que les fidèles ne fussent pas privés du service religieux.

Il se rendait toujours à pied dans ces paroisses, quelque difficiles qu'en fussent les sentiers, et quelque mauvais que pût être le temps.

— C'est ainsi qu'il a servi, tour-à-tour, les paroisses de Ferrières, de Vailhan, de Fouzillon et en dernier lieu, celle de Fozières.

On raconte, qu'il a été rencontré bien des fois s'en allant, pieds nus, visiter les malades, partout où besoin était et jusque dans les montagnes. Il ne donnait pas seulement ses revenus aux pauvres, mais il leur donnait encore ses vêtements, lorsqu'ils avaient quelque valeur, et jusqu'à ses chemises.

On sait, qu'affligé de bonne heure d'un rhumatisme goutteux, il ne cheminait pas sans peine. Il est constant toutefois qu'il faisait des courses à fatiguer le voyageur le plus ingambe et le plus intrépide, l'amour du salut des âmes lui donnant une force surhumaine.

Il semble, du reste, qu'il se dédomma-
geait ainsi de n'avoir pas été jugé capable
des missions étrangères ; ce qui nous porte
à croire que si le Supérieur de ces missions
ne s'était pas laissé tromper par les frêles
apparences du saint Abbé, il aurait trouvé
en lui un des plus dignes prêtres de l'apostolat d'outre-mer.

La chronique rapporte, qu'en dépit de ses
fatigues, il ne continuait pas moins ses habitudes pénitentes de coucher sur la dure ou
sur un pauvre grabat, et de se nourrir le
plus maigrement possible.

On dit cependant qu'il était tombé dans
un tel état d'indifférence pour sa mise sa-
cerdotale, qu'on eût mieux désiré de sa
tenue. On ajoute même que, tout en res-
pectant sa vertu et son caractère, certains
étaient tentés de le croire privé d'esprit de
direction, à force de le voir aussi peu soucieux de son extérieur.

Pour nous qui croyons connaître le but
poursuivi par notre saint, nous ne craignons

pas de dire qu'il était arrivé là même où il s'était proposé d'en venir, c'est-à-dire, à n'être plus qu'un objet de mépris pour le monde.

Et maintenant je vous le dis, c'était sa consommation en Dieu, c'était la fin de toutes les aspirations de sa vie, pouvant dire désormais avec le grand Apôtre : « Je vis, mais ce n'est plus moi qui vis, c'est J.-C. qui vit en moi. »

Il desservait à cette époque la petite paroisse de Fozières, village du canton de Lodève.

Or, un jour, dérogeant à ses habitudes si pénitentes, mais si chères, de suivre pédestrement le sentier qui conduit à Fozières, le saint prêtre venait de se rendre en voiture pour le service du dimanche.

Ce ne fut qu'un cri de la foule : Notre saint est bien malade, puisqu'il vient à nous de la sorte !

La foule ne se trompait pas, les douleurs rhumatismales et goutteuses dont il était atteint depuis longtemps, avaient pris des proportions nouvelles, qui lui rendirent impossibles les longs parcours, en dépit des puissantes énergies qui l'avaient si bien servi jusqu'alors.

Il est vrai que ses souffrances, les plus douloureuses même, n'empêcheront pas encore le martyr de faire son service. Tandis que bien d'autres, en effet, seraient restés cloués sur un lit d'angoisse, lui s'acheminait, au contraire, à pas endoloris, vers la station la plus voisine de la voiture qui le conduisait à sa destination.

Et c'est ainsi que, partie à pied et partie en véhicule, il atteignait son but, et que ses paroissiens adoptifs n'étaient pas privés de messe.

On n'a pas oublié, qu'ayant l'habitude de donner aux enfants et aux pauvres tout ce qui lui revenait de sa pension, à mesure qu'elle lui était versée par sa famille, il n'avait jamais rien pour payer son voyage ; et l'on admire comment il ne s'inquiéta ja-

mais, à ce sujet, et comment il lui suffisait
de se présenter au départ, pour y rencontrer quelque personne providentielle qui
payait pour lui.

Voilà comment il reparut, quelque temps
encore, dans la paroisse de Fozières, privée
de presbytère et de pasteur en titre, ce qui
la lui rendait d'autant plus chère qu'elle
était plus pauvre et plus délaissée.

Il était néanmoins si perclus et si souffrant dès lors, que ses bons paroissiens ne
comprenaient pas comment il pouvait monter
à l'autel, à moins d'un miracle, et comment
surtout un homme qu'on eût pu appeler
déjà l'homme des douleurs, semblait ne
plus souffrir du tout, pendant le saint sacrifice de la messe.

Mais qu'elle que fût sa force d'âme, il
avait tellement souffert, en faisant son service religieux, par un certain dimanche,
qu'il ne se crut pas en état de pouvoir rentrer chez lui et qu'il se retira chez sa sœur,
madame la comtesse de Beaumevieille, au

6

château de Gourgas, moins distant de ses voies que celui de Margon.

Les habitants de Fozières ne l'avaient cependant pas entendu se plaindre, mais ils n'en conclurent pas moins de cette démarche que le saint avait peut-être fini de les servir.

A peine arrivé à Gourgas, en effet, avec la plus grande difficulté, ses pieds et ses mains se gonflèrent, dans des proportions alarmantes ; et comme les soins qui lui furent prodigués par un homme de l'art, n'obtinrent aucun résultat satisfaisant sur la maladie de l'abbé, qui, du reste, ne faisait ouïr aucune plainte et ne cessait de prier, malgré tous ses maux, le médecin crut devoir conseiller son transport au château de Margon, pensant que le climat humide de Gourgas, trop voisin des montagnes, était essentiellement contraire à l'amélioration de l'état du malade.

C'est ainsi qu'il fut porté en voiture au château de Margon, et que sa sœur, madame

la comtesse de Beaumevieille, l'accompagna
elle-même, pour lui continuer les soins
dévoués quelle lui avait prodigués à Gourgas.

CHAPITRE X.

MALADIE ET MORT DE L'ABBÉ DE MARGON.

Comme, tout naturellement, on s'empres-
sait d'abord de le bien coucher dès son arri-
vée, il ne fut pas possible de lui faire accepter un lit tant soit peu commode. On dut
se conformer à ses désirs, et lui donner tout
simplement un petit lit de sangles, muni
d'une paillasse.

Il ne fallut rien moins, dans la suite, que
l'intervention du confesseur et du médecin,
pour lui faire accepter quelques modifications
les plus indispensables. Il semblait toujours
craindre de ne pas assez souffrir.

Quant aux soins que nécessitait son état
d'infirmité, il ne les supportait jamais qu'a-
vec une peine extrême, et suffisait d'ailleurs

lui-même à tout, dans la mesure du possible.

Du reste, il ne cessait de prodiguer les expressions de la plus vive reconnaissance à toutes les personnes attachées à son service.

Mais sa grande sollicitude, sur son lit d'angoisse, c'était de ne pouvoir monter à l'autel, où il avait toujours trouvé tant de force et de consolation dans les voies laborieuses qu'il avait entreprises, dans les voies des saints.

Aussi devait-il avoir le bonheur de célébrer encore l'auguste, le divin sacrifice de la messe.

Un jour, et bientôt en effet, quand on le croyait moins en état que jamais de se mouvoir, il quittait sa couche de douleur, comme le paralytique de l'Evangile quittait jadis son grabat, à la voix du Maître.

Et comme il put faire ensuite quelques pas dans sa chambre, il ne douta pas de pouvoir remonter à l'autel, avant de quitter ce monde.

C'est ainsi qu'il pria le vénérable curé de Margon, auquel il avait si souvent servi la messe lui-même, de vouloir bien assister à la sienne le lendemain. C'est ce qui eut lieu.

Mais, chose admirable, sinon miraculeuse ! il est constant, en effet, qu'à peine arrivé à l'autel, non sans difficulté, il put se mouvoir et se servir de ses mains perclues, avec autant d'aisance qu'avant sa maladie.

Quelle que fût la force morale bien connue du saint Abbé, personne ne mettait en doute l'œuvre toute particulière de Dieu dans tout ceci, et chacun croyait bien pouvoir estimer comme un prodige de la grâce divine l'acte dont il avait été témoin.

On n'admira pas moins la même vertu de Dieu sur son serviteur, le saint jour de Pâques, car il put dire la messe, ce jour-là, selon qu'il avait très-ardemment exprimé au Seigneur le désir de célébrer cette dernière Pâque, avant de quitter le monde.

Il était si rempli de force surnaturelle et divine, qu'il ne crut pas devoir se faire assister, et qu'en dépit de toutes les douleurs les plus aiguës, il célébra les saints mystères avec toute l'aisance possible.

Tous les témoins de la scène le crurent en parfaite santé, tant qu'il eut les habits sacerdotaux sur lui ; mais cet état, dirons-nous, merveilleux, ne dura pas longtemps, en effet, car à peine se fut-il dépouillé de ses vêtements sacrés, qu'il retomba sous l'étreinte de ses infirmités et ne put remonter à l'autel que le jour de la fête du Bon-Pasteur.

Et ce fut pour la dernière fois que les assistants purent encore reconnaître et admirer le prodige de la grâce sur le juste, qui, du reste, était considéré comme un saint depuis longtemps déjà.

N'avait-il pas été saint d'ailleurs toute sa vie ?

Disons cependant que si la fête du Bon-Pasteur le vit célébrer, pour la dernière fois, les saints mystères, c'était encore pour lui comme une faveur toute particulière du

ciel, car s'il n'avait jamais été pasteur titu-
laire, il avait été le pasteur de la charité la
plus dévouée et la plus exemplaire.

N'a-t-il pas été dévoué jusqu'à l'héroïsme,
jusqu'à la mort, pour ainsi dire, aux habitants de la paroisse de Fozières et de plusieurs autres ?

Ne savons-nous pas, au surplus, qu'il
avait déjà dit adieu à son pays et à la maison de son père, pour se vouer sans retour
au salut des âmes, et qu'il n'a pas dépendu
de lui de ne pas aller mourir à l'œuvre des
missions étrangères ?

C'est ainsi que nous croyons sa place bien
marquée parmi les saints pasteurs des âmes,
si la voie humble et crucifiée qu'il a si parfaitement, si généreusement suivie pendant
sa vie entière, ne lui assurent pas une place
parmi tous ceux qui ont le mieux sacrifié
leur âme pour la sauver.

Quoi qu'il en soit, il est encore là sur son
lit de martyr ; il y sera huit jours encore
après sa dernière messe, huit jours pendant

lesquels il ne cessera d'édifier tous les témoins de ses souffrances, et de se sanctifier, de plus en plus, par une patience et
une force d'âme qui tiendront du prodige.

Ah! si ceux qui avaient pu douter un
seul instant de l'état sain de ses pensées
l'avaient vu, à cette heure, en si parfaite
possession de lui-même et si au-dessus des
maux les plus excessifs, priant sans cesse
et ne laissant pas échapper une plainte, n'au-
raient-ils pas compris que la vie de l'abbé de
Margon n'avait jamais été autre chose que
la vie d'un saint ?

Ses derniers jours de souffrance et d'a-
gonie ne furent que des jours les plus dignes
de couronner une vie entière de pénitence
et d'abnégation. Pouvait-il ne pas mourir
comme il avait vécu ?

La fin couronne l'œuvre ; et voici la fin
du saint abbé de Margon ; voici sa dernière
heure.

Il semblait reposer en paix, depuis un
moment. Tout-à-coup, sortant comme d'un

profond sommeil : Oh ! s'écrie-t-il avec transport, qu'elle visite agréable je viens de rece-
voir !

Et il se mit à raconter comment saint
Fulcran, ancien évêque de Lodève, dont la
mémoire lui avait été toujours si chère, et
qu'il n'avait cessé d'invoquer pendant sa vie
et surtout sur son lit de douleur, lui était
apparu, en lui montrant le ciel.

Le saint évêque arrivait ainsi au moment
suprême, pour le fortifier, en lui montrant
le prix réservé, au terme de leur course, à
ceux qui ont combattu le bon combat, jusqu'à la fin.

Le saint Abbé, ayant bien compris, par
cette apparition, que sa course était finie,
en effet, demanda les derniers sacrements
de l'Église ; après quoi, s'adressant aux
témoins de son heure suprême, il leur
exprima tous ses regrets et toutes ses actions
de grâce, pour les sollicitudes qu'il avait pu
leur causer.

Ses expressions étaient si touchantes,

qu'il fit verser d'abondantes larmes à tous les assistants, d'ailleurs si convaincus de n'avoir jamais fait pour lui que l'indispensable, puisqu'il se servit toujours, le plus possible, lui-même.

Et maintenant partez, lui disait le prêtre de sa paroisse, appelé pour lui administrer les derniers sacrements, qu'il reçut avec une expression de bonheur ineffable, en murmurant le nom de l'envoyé céleste, le nom de saint Fulcran qu'il voyait et qu'il entendait encore.

Et à la parole du prêtre, lui disant : « Partez, âme chrétienne, » son âme s'envola légère et sans effort vers les demeures éternelles, tous les liens qui auraient pu l'attacher à la terre étant rompus depuis déjà longtemps, si même ils l'avaient captivé une seule heure.

A la première nouvelle de cette mort, tout le peuple, à l'entour s'émut, à la fois, et ce ne fut qu'un cri : Le Saint Abbé est mort !

Le plus petit, le plus humble, celui qui même avait été méprisé pendant sa vie, venait à peine de mourir, qu'il était le plus honoré et le plus exalté, selon ces paroles : Celui qui s'abaisse sera élevé.

On accourait de toutes parts ; les cours du château, tous les appartements du vieux manoir seigneurial, surtout la chambre du défunt, tout était inondé de peuple.

Chacun voulait voir le saint abbé de Margon, le toucher et emporter quelque souvenir, quelque relique. Le peu de vêtements qui lui restaient, une vieille soutane et un vieux manteau, furent distribués par petits morceaux à la foule empressée.

Tout cela avait été bien insuffisant pour tant de monde, c'est pourquoi on fut obligé de faire une garde attentive, lorsqu'on l'eut revêtu des habits sacerdotaux pour la sépulture, afin qu'il n'en fût pas dépouillé.

Le jour de la cérémonie funèbre, qui eut lieu en grande pompe, avec le concours d'un grand nombre d'ecclésiastiques, une foule

innombrable était accourue, non-seulement
des localités voisines. mais encore de loin.

Les pauvres pleuraient ; les enfants, dont
tant de fois il avait partagé les naïfs et
joyeux ébats, suivaient le deuil avec l'expression de la plus vive douleur, et tous
ceux qui s'empressaient autour du cercueil
funèbre invoquaient déjà celui dont ils con-
naissaient les démarches si pures, si humbles, si pénitentes, et toutes si bien faites
pour le rendre puissant au ciel.

Pour nous, nous ne saurions croire que
sa tombe soit sans vertu. Plusieurs déjà,
ayant invoqué la puissance de ce juste qui a
si bien suivi les traces du divin Maître,
n'ont pas été sans voir leur foi récompen-
sée.

Et c'est ainsi que nous nous sentons
pressé de recommander ses mérites à la
piété des fidèles, certain qu'il est puissant
au ciel, celui qui a tout laissé pour le ciel,
quand tout lui souriait ici-bas.

Du reste, plaise à Dieu, pour l'exaltation

du plus humble des prêtres et pour le plus grand bien des âmes, que son saint n'ait pas seulement une tombe à Margon, mais qu'il ait en tous lieux des autels, dont il nous paraît digne.

FIN.

TABLE DES MATIÈRES.

66

www.ingramcontent.com/pod-product-compliance
Lightning Source LLC
Chambersburg PA
CBHW052138090426

42741CB00009B/2140